AF223539

LE BILAN

DE LA

TROISIÈME RÉPUBLIQUE

PAR

Raoul de JUGLART, Avocat

PRIX : **50** CENTIMES

PARIS

IMPRIMERIE L. GUÉRIN & CIE

Rue des Petits-carreaux, 26

—

1885

LE BILAN

DE LA

TROISIÈME RÉPUBLIQUE

PAR

Raoul de JUGLART, Avocat

PRIX : **50** CENTIMES

PARIS

IMPRIMERIE L. GUÉRIN & C.IE
Rue des Petits-carreaux, 26

—

1885

*A Monsieur de Cazenove de Pradine, Député de la
Loire-Inférieure.*

CHER MONSIEUR,

Je vous avais offert la dédicace d'une brochure
que j'ai écrite naguère sur l'instruction primaire,
telle qu'elle est donnée aujourd'hui dans les écoles
communales, depuis que M. Jules Ferry a fait voter
par le Parlement la loi « *infâme* », qui établit la
gratuité, l'obligation et la laïcité de l'enseignement.

Au début de cette brochure j'avais été appelé à
parler de l'admirable héroïsme dont fit preuve, lors
de la dernière guerre avec la Prusse, la jeunesse
française élevée dans les saines croyances de la
religion catholique.

Il était donc tout naturel que, au risque de ré-
veiller en vous de cruels souvenirs, j'inscrivisse en
tête de mon modeste opuscule le nom du plus vail-
lant des soldats de Patay.

Mais, au moment de livrer cette brochure à l'im-
pression, je me suis aperçu que d'autres écrits, dus

à la plume d'auteurs beaucoup plus autorisés et beaucoup plus compétents que moi, avaient appris à l'immense majorité des pères de famille, à connaître, à apprécier et à maudire la loi odieuse fabriquée contre eux et leurs enfants, et alors j'ai résolu de la laisser dormir au fond d'un carton, tout comme un vulgaire projet d'initiative parlementaire.

Désireux néanmoins d'utiliser quelques semaines de vacances, j'ai essayé dans quelques pages, écrites au courant de la plume, avec la seule ambition de servir deux causes, qui n'en sont qu'une, celle de mon pays et celle de mon parti, de résumer l'œuvre néfaste de la République depuis son avénement « *réel* » et de démontrer que la France ne pouvait sortir de l'abîme, qui est béant devant elle, qu'en revenant à sa monarchie traditionnelle.

Il est donc tout naturel encore que je dédie ces quelques pages au plus dévoué des défenseurs de la monarchie.

Veuillez, cher Monsieur, les accepter comme un nouvel hommage de ma vive reconnaissance et comme un nouveau gage de mon inaltérable dévouement pour vous.

Gastelu-Cahar (près St-Jean-de-Luz), 3 juillet 1885.

RAOUL DE JUGLART.

I

IMPORTANCE DES PROCHAINES ÉLECTIONS LÉGISLATIVES

Deux mois à peine nous séparent des élections législatives puisque, d'après la nouvelle loi récemment promulguée, elles doivent être faites entre le 14 août et le 14 octobre.

Est-il nécessaire de signaler ici à nos coréligionnaires politiques — aux monarchistes — l'importance exceptionnelle que ces futures élections empruntent aux évènements de l'heure présente?

De l'avis de tous, ne sont-elles pas considérées comme devant exercer une influence décisive et immédiate en ce qui concerne l'éventualité d'une restauration monarchique?

Il importe donc à ceux qui composent aujourd'hui les cadres de l'armée royaliste, qu'ils aient puisé leurs convictions, soit dans les traditions de famille, soit dans les enseignements de l'histoire, soit dans l'évanouissement des espérances qu'ils avaient placées sur la tête de l'héroïque prince impérial, soit dans les amères désillusions qu'ils ont éprouvées au service de la République, il nous importe à tous, — ouvriers de la dernière comme de la première heure — de serrer étroitement nos rangs, afin que, au jour de la suprême bataille, nous marchions disciplinés, en masse compacte, contre l'ennemi commun.

Mais ce n'est pas encore tout.

En même temps que les destinées du parti monarchique se joueront les destinées de la France, le jour où il plaira au Gouvernement d'assembler le peuple français dans ses comices électoraux.

Le résultat du scrutin ne nous fixera pas seulement sur l'avenir réservé au parti monarchique; il nous apprendra aussi si la France est condamnée à finir « dans la boue et le sang » par le démembrement, la banqueroute et la guerre civile.

Ceux-là donc — et ils sont nombreux, Dieu merci ! — qui font passer l'intérêt de leur pays avant leur intérêt personnel, qui placent le patriotisme au-dessus de mesquines rancunes individuelles et de stupides préjugés politiques, ont, eux aussi, l'impétueux devoir d'apporter le contingent de leurs forces à l'armée royaliste et de combattre à ses côtés, avec la même ardeur, aux mêmes cris de « Vive la France ! »

I I

POURQUOI LES PROCHAINES ÉLECTIONS DÉCIDERONT DU SORT DE LA FRANCE

Nous venons de dire que, du résultat des prochaines élections, dépendrait le sort de la monarchie et de la France.

Il nous semble tout à fait inutile de nous attarder dans une discussion oiseuse pour démontrer la première de ces propositions.

Qu'elles soient favorables aux royalistes, qu'une réaction contre la République, semblable à celle qui se produisit lors de la libre et solennelle consultation populaire de 1871, se déclare à nouveau et Monseigneur le comte de Paris, qui connaît et comprend ses devoirs de prétendant à la couronne, saura bien vite répondre à l'appel que lui aura adressé le pays.

Au contraire que, par notre indifférence, que, par notre apathie, que par notre abstention, ces élections tournent — encore une fois — contre nous, combien d'honnêtes gens, impérialistes écœurés par les rivalités d'un père avec son fils, républicains modérés effrayés des progrès du radicalisme, qui sont venus spontanément à la monarchie, confiants dans son programme d'action, alléchés par ses promesses de régénération sociale et qui s'éloigneront d'elle avec la même spontanéité lorsqu'ils auront été les témoins de son impuissance !

Et combien aussi de royalistes qui, mûs par ces sentiments de patriotisme dont nous parlions plus haut, feront litière des opinions de toute leur vie pour accepter n'importe quelle solution éphémère qui se présentera, et où ils croiront rencontrer quelques garanties pour la sécurité intérieure et extérieure de leur pays !

Ainsi que l'écrivait naguère avec toute la vigueur et toute la logique qui caractérisent son brillant talent, notre distingué confrère, M. Paul de Cassagnac, « si, pendant la durée du prochain man-
» dat que délivreront les électeurs, il n'y a rien
» d'essayé, rien de réussi contre la République,
» que de gens qui seront plus que tentés de renoncer
» à une lutte stérile, du moment où il sera dé-
» montré que la France est trop lâche pour secouer
» le joug immonde qu'elle subit depuis long-
» temps ».

Mais passons. Insister davantage, serait douter du bon sens, suspecter le patriotisme de nos coréligionnaires politiques.

Et, de suite, arrivons au sujet que nous nous sommes proposé de traiter ou plutôt de résumer, dans les quelques pages de cette brochure, à savoir *que des élections républicaines précipiteraient la France dans un insondable abîme, où sombreraient à la fois sa fortune, son honneur, son nom même.*

Si nous avions émis cette thèse à la veille des élections générales de 1876, de 1877 ou de 1881, on aurait certainement pu nous accuser d'obéir à un évident parti-pris contre le régime républicain.

En effet, jusqu'alors la République n'avait existé que **nominativement** en France.

Jusqu'alors elle n'avait été, suivant deux célèbres expressions de Gambetta, de 1871 à 1876, avec l'Assemblée nationale composée en grande majorité de royalistes, de 1876 à 1879, avec le Sénat conservateur, opposant un frein aux exigences révolutionnaires de la Chambre des députés, de 1879 à 1881, grâce aux éléments modérés qui dominaient dans le Parlement, qu'*« une monarchie sans monarque »* ou *« une république sans républicains ».*

Mais après les élections législatives de 1881 et les élections sénatoriales de janvier 1882, les conservateurs et les modérés ne formèrent plus qu'une infime minorité dans l'une et l'autre Chambres ; dès lors les portefeuilles ministériels ne furent plus dévolus qu'aux « *purs* » de l'*Union républicaine* ; la gauche put tout à son aise proposer et confectionner des lois « vraiment » républicaines ; il n'y eut plus de places dans les administrations publiques pour les fonctionnaires qui n'étaient pas munis d'un bon brevet de républicanisme.

C'est donc à partir de cette époque que la France fut **réellement** soumise au régime républicain, et c'est donc le bilan de ces dernières années seulement qu'il suffit de dresser pour apprécier sainement l'œuvre de la République.

Que nous prouvions maintenant par un résumé fidèle des principaux événements qui se sont déroulés sous nos yeux, par un aperçu impartial des principaux résultats poursuivis et obtenus par le gouvernement, à l'intérieur comme à l'extérieur, combien cette œuvre a été funeste à la France et, du même coup, nous aurons démontré que, laisser le pouvoir aux mains des républicains pour une nouvelle période de quatre années, c'est, de la part des électeurs, consommer de gaîté de cœur la ruine de la France.

En effet, nous savons par l'expérience du passé que la République n'est pas susceptible de s'amender : elle est fatalement condamnée par ses origines à rouler toujours de Charybde en Scylla.

III

LA POLITIQUE EXTÉRIEURE DE LA RÉPUBLIQUE

L'Assemblée nationale élue, en 1871, au lendemain de nos cruels désastres, avait reçu, avant tout, du pays la double mission de panser les larges blessures de la France et de protéger en même temps l'héroïque blessée contre les tentatives probables d'ennemis impitoyables, à la recherche d'une occasion propice pour fondre à nouveau sur elle, enfoncer le fer dans ses plaies encore béantes et l'achever.

L'histoire, dans sa sereine impartialité, rendra à l'Assemblée nationale cet hommage qu'elle ne s'est jamais trouvée au-dessous de la noble et patriotique tâche qu'elle avait accepté de remplir : en moins de quatre années la lourde rançon de cinq milliards exigée par la Prusse lui était payée, le territoire français était complètement évacué, notre armée renaissait de ses cendres, nos forts étaient rebâtis et nos places de guerre solidement défendues.

En vain le prince de Bismarck alarmé d'une si

prompte résurrection avait-il essayé, à plusieurs reprises, d'en paralyser les effets en nous suscitant de nombreuses difficultés et en nous tendant de perfides pièges. Il s'était toujours heurté contre l'habile prudence et le vigilant patriotisme de ces diplomates ou ministres expérimentés que l'Assemblée avait investis de sa confiance et qui s'appelaient le duc de Broglie, le duc Decazes, le marquis de Vogué, le vicomte de Gontaut-Biron, etc.

Si bien que, à la fin de 1875, au moment où l'Assemblée nationale votait sa dissolution, la France avait reconquis sa place dans le concert des nations européennes.

Comprenant combien cette politique sage et mesurée avait répondu aux légitimes besoins et aux aspirations pacifiques du pays, les républicains n'hésitèrent pas à s'en attribuer le mérite.

Et pendant la période électorale de 1876, il n'y eût peut-être parmi eux un seul candidat à la Chambre qui ne se déclarât le partisan résolu de la paix.

En revanche, les conservateurs calomniés étaient accusés de vouloir à tout prix la guerre.

En 1877, même comédie jouée, même guitare pincée par les républicains, avec cette variante odieuse qu'ils osèrent affirmer dans leurs professions de foi que l'Allemagne et l'Italie entreraient de suite en campagne contre la France, si les élections étaient monarchiques.

Enfin, en 1881, en dépit de l'expédition de Tusie déjà commencée, les candidats officiels de M. Jules Ferry jurèrent à nouveau leurs grands dieux que le maintien de la paix n'était possible qu'autant qu'ils triompheraient.

Voyons comment les engagements ont été tenus par ceux qui les avaient souscrits.

Le cadre restreint dans lequel nous devons enfermer cette brochure nous oblige à négliger quantité de faits et à omettre d'intéressants détails.

C'est ainsi, par exemple, que nous parlerons, pour mémoire seulement, de la question de Dulcigno si témérairement soulevée en 1879, et qui faillit mettre le feu aux poudres. C'est ainsi que nous passerons sous silence les imprudents défis lancés, à Cherbourg, à l'Allemagne par Gambetta qui personnifiait alors la République; c'est ainsi que nous laisserons de côté les articles violents parus, vers la même époque, dans la presse officieuse et qui nécessitèrent un important échange de notes diplomatiques entre la France et l'Allemagne.

Aussi bien du reste les expéditions de Tunisie et du Tonkin nous fournissent un champ assez vaste pour apprécier en toute connaissance de cause la politique extérieure de la République.

La première de ces expéditions a été, suivant l'expression de Rochefort, confirmée par le verdict d'acquittement que rendit le Jury de la Seine, lorsque son auteur comparut devant lui : « **une sanglante filouterie.** »

Pour justifier, nous aussi, cette sévère qualification devant nos lecteurs il nous suffira de rappeler les faits.

Un beau matin, vers le milieu du mois de février 1881, tous les journaux, entretenus sur les fonds secrets du ministère de l'intérieur, annoncèrent à l'envi qu'une bande d'Arabes révoltés, — des Kroumirs (??) — après avoir massacré plusieurs de nos colons, venaient d'envahir nos possessions algériennes. Ils sommaient avec une unanimité touchante le gouvernement d' « *agir promptement en vue d'une répression énergique.* »

Quelques heures après, M. Jules Ferry, interpellé à ce sujet par un de ses fidèles compères, déclarait à la Chambre qu' « en effet quelques mil« liers d'insurgés avaient violé notre territoire, mais « que les rebelles seraient vite mis à la raison et « obligés de déposer les armes, *si le Parlement* « *consentait à lui abandonner la direction des* « *opérations militaires.* »

Et la Chambre, alors comme depuis l'humble servante du ministre, lui accorda avec plusieurs millions de crédits un blanc-seing absolu.

Un corps expéditionnaire, formé des meilleurs bataillons enlevés aux meilleurs régiments, partit bientôt pour l'Algérie, mais, au lieu d'aller rejoindre les prétendus Kroumirs, qui n'avaient jamais existé que dans l'imagination de M. Jules Ferry et de ses caudataires, il fit brusquement irruption dans les États du bey de Tunis.

Cette ignoble agression amena la guerre, et, pour la soutenir, l'impudent ministre qui l'avait engagée si témérairement dut, chaque mois, réclamer des Chambres l'ouverture de nouveaux crédits que celles-ci s'empressèrent de voter.

En vain quelques indépendants de gauche et de droite protestèrent-ils contre une guerre faite en violation du droit des gens et de la Constitution de 1875, guerre aussi périlleuse que dispendieuse, qui éparpillait au loin nos forces militaires et coûtait à la France, avec la vie de milliers de ses enfants, plusieurs cinquantaines de millions.

En vain, aux tirades enflammées sur le patriotisme et l'honneur du drapeau français, débités pompeusement par M. Jules Ferry, plusieurs journalistes répondirent-ils que le but réel de la guerre entreprise par le gouvernement républicain se cachait sous des motifs inavouables, que le sang de nos soldats coulait pour amener une hausse sur des papiers sans valeur, que l'argent des contribuables était gaspillé pour enrichir des spéculateurs véreux.

Appuyé sur sa fidèle majorité, M. Jules Ferry put, en toute liberté, continuer et « *diriger* » pendant plusieurs mois « **sa** » guerre ; et quand, à la fin, sous les menaces de l'indignation publique, il lui fallut cependant se résigner à signer le traité du Bardo, l'opinion publique fut unanime à reconnaître qu'à aller à Tunis, la France avait perdu plus de douze mille hommes, dépensé plus de cent quarante millions, et qu'elle n'y avait gagné que... l'inimitié de l'Italie, s'alliant presque aussitôt à l'Allemagne contre nous.

L'expédition du Tonkin a été engagée dans des conditions absolument identiques.

Lorsqu'il s'agit d'envoyer un corps expéditionnaire dans l'Extrême-Orient, le même Jules Ferry, avec les mêmes accents de sincérité, fit le solennel serment que nos troupes seraient rappelées, dès que la mort du brave commandant Rivière aurait été vengée sur les Pavillons-Noirs.

Depuis longtemps ceux-ci ont été écrasés et ont largement payé de leur sang leur lâche trahison, et cependant le corps expéditionnaire n'est pas rentré en France. Bien au contraire, des milliers d'hommes sont partis et partent tous les jours le rejoindre par delà les mers.

C'est que, poussé par ses instincts guerriers, — il est très belliqueux lorsqu'il est assis dans son cabinet, sur un fauteuil bien moelleux, devant un bon feu, humant un cigare « exquis, » — M. Jules Ferry, après avoir réduit les Pavillons Noirs, s'est attaqué à l'Annam, État tributaire de la Chine.

Cette dernière, comme c'était son droit et son devoir, a protesté, puis des protestations est passée aux menaces et, enfin, des menaces aux actes, et voilà comment, de par le fait de M. Jules Ferry et de la majorité opportuniste, qui n'a jamais eu le courage de blâmer la scandaleuse conduite de ce ministre sans vergogne, nous sommes restés pendant seize mois en guerre avec la Chine.

La paix est signée aujourd'hni entre la France ei la Chine.

Mais le traité qui l'établit est la reproduction et la copie quasi-textuelle de la Convention de Tien-Tsin, qui remonte au mois de mai 1884.

Or, de deux choses l'une, ou celle-ci était avantageuse pour nous et nous devions nous empresser de l'accepter; ou elle était à l'encontre de nos intérêts et de notre honneur, et nous devions la repousser.

Au premier cas, nous demandons au gouvernement, républicain pourquoi le sang et l'or de la France ont été répandus **inutilement pendant une année.**

Au second cas, nous protestons contre la sanglante humiliation infligée à notre drapeau.

Dans l'une comme dans l'autre hypothèse, nous n'apercevons que des incapables, des coupables et des traîtres.

Et puis quels bénéfices retirons-nous de la paix?

Nous perdons Formose, les îles Pescadores, en un mot, les « gages » que nous nous étions si péniblement appropriés et nous gardons le Tonkin qui nous appartenait déjà, le Tonkin avec son climat meurtrier, avec ses marais pestilentiels, avec son dangereux voisinage d'Annamites et de Pavillons-Noirs qui, hier encore, ont failli massacrer notre garnison de Hué; c'est-à-dire que, pour conserver la plus stérile des conquêtes, il nous faudra immobiliser là-bas près de trente mille hommes voués, comme leurs aînés à une mort certaine.

C'est pour aboutir à ce joli résultat que le gouvernement républicain a fait tuer vingt mille français, dépensé quatre cent douze millions, diminué notre prestige en Europe !

Car les concessions de mines et de chemins de fer, achetées au Tonkin par les parents et amis de nos gouvernants, les Bavier-Chauffour et autres, ne rapporteront pas grand chose à la France et ce ne

sera pas pour elle, il nous semble, un dédommage-
ment et une compensation d'avoir vidé ses coffres
pour remplir ceux d'une douzaine d'opportunistes
mâtinés de Juifs ou de Badois.

Pour ceux qui ne seraient pas encore pleinement
édifiés sur les tendances pacifiques du gouvernement républicain, nous ajouterons que le ministère
Ferry a engagé dans l'île de Madagascar une autre
expédition aussi périlleuse, aussi coûteuse et aussi
inutile que celle du Tonkin; nous ajouterons que,
par suite des violences exercées au Cambodge par
le chargé d'affaires de la R. F. à Saïgon, ce pays
vient de se soulever contre la France.

Enfin, sans nous y arrêter, signalons la question
du Congo, grosse de difficultés qui pourraient se
dénouer ailleurs qu'au congrès de Berlin.

Telle a été la politique extérieure de la République
« *avec les républicains.* »

Les électeurs la compareront avec la politique
extérieure de la République « *sans les républicains* »,
et ils jugeront laquelle des deux politiques a le
mieux servi leurs intérêts et ceux de la France.

Et, d'après le jugement qu'ils porteront, ils de-
vront, ou bien réélisant les députés de la majorité (1),

---

(1) Nota. — Nous appelons députés de la majorité tous ceux qui ont voté
les premiers crédits du Tonkin et accordé pendant deux ans leur confiance
à M. Jules Ferry, sans excepter les cent et quelques déserteurs de l'union
républicaine qui, au dernier moment, sous les menaces de l'indignation
publique, ont abandonné leur misérable complice.

donner eux aussi carte blanche au gouvernement républicain pour qu'il puisse poursuivre librement le cours des aventures sans honneur et sans profit pour la patrie, ou bien, les repoussant honteusement comme incapables, indignes et parjures, accorder leurs suffrages à des hommes intègres qui ne considéreront pas le patriotisme comme une « *vieille guitare usée.* »

IV.

LA REPUBLIQUE ET LES FINANCES DE LA FRANCE

La politique suivie à l'intérieur par le gouvernement républicain a été tout aussi funeste à la France que celle pratiquée à l'extérieur et dont nous venons d'exposer les désastreuses conséquences.

L'examen seul de notre situation financière suffirait à démontrer la véracité de ce que nous avançons.

En effet, si le baron Louis pouvait dire « faites moi de bonne politique et je vous ferai de bonnes finances » nous pouvons, retournant le mot du célèbre financier, dire aussi : « Si vous avez fait de « mauvaises finances, c'est que vous avez fait de « mauvaise politique. »

Or jetons un coup d'œil à travers les finances de la République « avec les républicains. »

L'Assemblée nationale qui, comme nous l'avons déjà écrit, avait réussi, en moins de cinq ans, à libérer le territoire français, à réorganiser notre armée, à reconstruire notre matériel de guerre,

4

avait en même temps rétabli l'ordre dans les finances et assuré l'équilibre du budget à tel point que, si l'on rapproche le budget de 1876 — le dernier qu'ait voté l'Assemblée Nationale — du budget de 1870 — le dernier qu'ait voté le corps législatif de l'Empire — on est obligé de constater que les crédits de tous les ministères — celui de la guerre excepté — avaient été considérablement réduits.

Aussi aux déficits avaient succédé les excèdents, aux insuffisances des impôts des plus values si notables que le jour était proche où les charges que la France avait courageusement supportées allaient être allégées.

Bref, le budget de 1876 se réglait avec un excédent de recettes de cent millions et cependant le gouvernement avait employé cent vingt-quatre millions pour l'exécution de travaux extraordinaires et cent cinquante millions pour l'amortissement de la dette.

Si maintenant nous comparons ce budget de 1876 avec celui de 1886, le dernier qu'ait voté la majorité républicaine des deux chambres — nous trouverons nos charges accrues par **trois milliards** d'emprunts contractés dans l'espace de six ans, par **cinq cents millions** d'impôts nouveaux inscrits annuellement au budget ordinaire, et nous verrons que, malgré ces emprunts à jet continu, que, malgré ce surcroit de contributions, qu'en dépit de misérables expédients, tels que la conversion de la rente et les conventions avec les grandes compagnies de chemins de fer, le déficit dépasse **deux cents millions.**

De cette comparaison il résulte encore qu'en 1876, tout français payait pour sa part contributive vis-à-vis de l'Etat un peu moins de soixante-neuf francs, et qu'aujourd'hui il en paie près de quatre-vingt-deux, soit un sixième en plus.

Que s'est-il donc passé entre ces deux dates de 1876 et de 1885 ?

Nous aurons la réponse à cette question en prenant tour à tour chaque ministère et en plaçant en regard des chiffres de 1876 ceux qui y correspondent, en 1886.

A tout Seigneur tout honneur : commençons par le *ministère des finances.*

Son budget, en 1876, était d'un milliard trois cent quarante-huit millions cinq cent soixante-quatre mille francs, il s'élève en 1886 à un milliard cent quarante-trois millions sept cent mille francs, soit **une augmentation de cent quatre-vingt quinze millions.**

D'où provient cet écart ?

Les principales causes en sont faciles à déterminer.

C'est d'abord, en 1880, l'adjonction au ministère des finances d'un sous-secrétariat qui, avec tous ses accessoires, grève annuellement le budget d'une somme de quatre millions six cent mille francs.

C'est ensuite le vote d'un crédit annuel de neuf millions destiné à **indemniser** les victimes du deux Décembre que l'on peut classer en deux catégories, dont la première comprend la totalité des bandits, qui profitèrent des troubles, suscités en province par l'annonce du coup d'Etat, pour assassiner et voler, de même que, plus tard, ils devaient profiter de la commune, pour incendier Paris, massacrer les otages et piller la Banque de France, et dont la seconde est la réunion des ambitieux faméliques et incapables, tous fauteurs dans l'ombre de révolutions et d'émeutes, mais qui se cachent, au fond des caves, loin des barricades, dès qu'elles ont été dressées, quittes à reparaître ensuite, aussitôt le danger éloigné, pour se faire décerner par le peuple inconscient les palmes de martyrs de la liberté.

La plupart de ces victimes et de ces martyrs du coup d'Etat sont aujourd'hui ministres, sénateurs, députés, préfets ! Pauvres diables, sont-ils assez à plaindre ?

C'est encore une augmentation de dépenses de quarante-deux millions pour les pensions militaires, augmentation qui résulte du rehaussement subit dans le chiffre des pensions élevées par les Chambres dans l'espoir de conquérir les sympathies de l'armée....... etc., etc., etc.

Le total des augmentations pour le *ministère de l'Intérieur* est de **neuf millions** qui se répartissent ainsi : six cent mille francs de plus pour le traitement des fonctionnaires administratifs des départements et pour le traitement du personnel de l'administration centrale, cinq cent mille francs pour fêter le hideux anniversaire du 14 juillet, deux millions pour les fonds secrets, qui ne servent absolument qu'à payer les frais de leurs élections aux candidats opportunistes, cinq millions d'augmentation pour le service des prisons — attestation frappante du progrès de la démoralisation depuis l'avènement de la République — quinze cent mille francs pour la police qui n'a jamais été aussi mal faite.

Le budget de la *Justice* a été porté de trente-quatre millions (1876) à trente-neuf millions (1886), soit une augmentation de **cinq millions**. Ce chiffre va s'accroître considérablement avec la nouvelle loi sur la magistrature, qui oblige le gouvernement à servir une pension annuelle aux cinq cents et quelques juges qu'il a si brutalement révoqués et si grotesquement remplacés.

• Le budget de l'*Instruction publique* comprend deux budgets absolument distincts l'un de l'autre, celui des *Beaux-Arts* et celui de l'*Instruction publique*.

Le premier, malgré la diminution des crédits affectés à l'entretien des palais nationaux, a monté de treize millions à **dix-sept millions**.

Quant au second il a quadruplé, c'est-à-dire qu'il s'est élevé de trente millions à **cent-vingt millions**, sans parler de la Caisse des Ecoles qui a été dotée d'un milliard, sur le budget extraordinaire et qui se trouve aujourd'hui aussi vide que le cerveau des ineptes ministres qui ont puisé dedans.

Nous reviendrons sur ce budget dans un chapitre ultérieur.

Au *ministère des Affaires étrangères* les crédits demandés pour 1886, dépassent de quatre millions ceux qui avaient été votés en 1875 par l'Assemblée nationale.

Avant d'escalader les degrés du pouvoir, les républicains réclamaient avec une extrême violence contre les traitements exagérés qui étaient alloués aux ambassadeurs de l'Empire auprès des puissances étrangères.

Maintenant que députés et sénateurs républicains sont devenus ambassadeurs — et quels ambassadeurs, mon Dieu ! — non-seulement les traitements **exagérés** sont maintenus mais encore ils sont **élevés** d'un peu plus de **trois millions**.

Ainsi — et c'est-là une importante remarque que nous pouvons indistinctement appliquer à chaque ministère — l'augmentation du budget ne profite point aux *petits* employés dont la situation reste précaire ; seuls en profitent les gros légumes de l'opportunisme, qui cumulent souvent trois ou quatre fonctions électives ou publiques largement rémunérées.

Le *ministère de la Guerre* absorbe chaque année **cent-onze millions** de plus qu'en 1876. Et que l'on n'ait pas la naïveté de croire que ces millions soient employés à assurer la défense du territoire français !

Non, quand ils ne servent pas à payer la carte des expéditions lointaines, comme celles de Tunisie et du Tonkin, ils sont employés à favoriser soit des fournisseurs soit des adjudicataires français, soit des fournisseurs soit des adjudicataires étrangers, souvent **allemands**.

Un exemple entre mille.

L'Assemblée nationale avait reconnu en principe que l'Etat, lorsqu'il s'agissait d'un matériel spécial à l'armée, dont la construction doit être soumise à des règles de précision rigoureuse, avait intérêt à faire des confections directes. Aussi l'artillerie avait-elle installé à grands frais des ateliers pour la construction des cartouches et de leurs étuis.

Malgré cela, Gambetta fit concéder à un député républicain de ses amis, d'importantes fournitures de cartouches et d'étuis.

Du reste, pour achever de démontrer que les sommes colossales inscrites au budget de la guerre ne répondent point à d'impérieux besoins, nous n'avons qu'à dire que l'Allemagne dont l'armement est hélas! aussi formidable que le nôtre consacre annuellement aux dépenses militaires *trois cent cinquante millions* de moins que la France.

Les chiffres d'augmentation du budget du *ministère de la Marine* sont à peu près les mêmes que pour le ministère de la guerre. A ce sujet, nous renouvellerons les mêmes remarques et les mêmes réflexions.

En 1876, les *services de l'Agriculture et du Commerce* composaient un seul ministère.

Les opportunistes les ont séparés et en ont formé deux ministères, histoire de caser dans l'un d'eux M. Rouvier et de désarmer ainsi l'opposition parfois gênante du député de Marseille.

Chose curieuse! avant la séparation les crédits affectés à l'Agriculture et au Commerce n'étaient que de six millions; depuis la séparation ils atteignent **vingt-trois millions.**

Pour expliquer ce phénomène les républicains prétendront-ils que ces millions sont employés à dégrever l'agriculture ou à aider l'agriculteur à supporter les lourdes charges qui pèsent sur lui?

Quelque impudents que nous les connaissions, nous avons la conviction qu'ils n'oseront jamais produire une semblable affirmation devant une assemblée de paysans.

La véritable raison, c'est que pour ces deux ministères, il a été créé cinquante sinécures environ grassement rétribuées.

Que l'on en juge! Nous trouvons à l'Agriculture, **trente-six** chefs qui commandent à **cinquante-deux** subalternes.

En 1879, M. Cochery, président de la Gauche républicaine de la Chambre, sentit tout à coup le besoin de devenir ministre. Comme tous les portefeuilles étaient aux mains de titulaires qui n'avaient point envie de s'en déssaisir, M. Grévy enleva la direction générale des Postes et Télégraphes au Ministère des Finances et en fit un *ministère spécial* qui fut, bien entendu, confié à M. Cochery.

Depuis leur disjonction des Finances, les Postes et Télégraphes coûtent **trente-trois millions** de plus par an. En vérité l'ambition de M. le Président de la Gauche républicaine n'était pas désintéressée. Il est superflu d'ajouter qu'à aucune

époque les services n'ont été aussi irrégulière-
ment faits et les détournements aussi nombreux.

Nous voici arrivés au *ministère des Travaux
publics*. Nous l'avons réservé pour la fin; car il
résume admirablement l'œuvre financière de la
République.

En effet, ici ce ne sont plus par centaines de millions, mais par dizaines de milliards que se chiffrent
les augmentations.—Il a été constaté que l'exécution
intégrale du programme Freycinet coûterait onze
milliards quatre cent vingt millions en douze ans.

Quel est donc ce programme si vivement critiqué
dans les débuts par M. Jules Ferry et depuis
suivi de point en point par le ministre des travaux
publics, le juif David Raynal (1).

En voici sommairement tracées toutes les principales lignes : sillonner la France de chemins de
chemins de fer sans s'inquiéter des services qu'ils
sont appelés à rendre à la population; délaisser une
voie en construction pour en commencer une autre,
quitte à l'abandonner à son tour ; faire onéreu-
sement racheter par l'Etat toutes les lignes concé-
dées aux amis du gouvernement et dans lesquelles
ceux-ci, au lieu de réaliser les gros bénéfices espé-

---

(1). M. Raynal a été renversé le 28 mars, en même temps que M. Jules
Ferry. Il a été remplacé par M. Demôle, l'âme damnée de M. de Freycinet; c'est tout dire.

rés, ont compromis avec leur honneur partie ou totalité de leur avoir ; même système pour la soi-disant amélioration des ports, des canaux et des rivières ; en un mot l'argent des contribuables dansant une sarabande effrenée pour procurer dans les élections la majorité aux candidats officiels. Ainsi aux dernières élections sénatoriales qui seront la honte de M. Jules Ferry et de M. Waldeck-Rousseau et qui imprimeront sur leur front un stigmate indélébile, le gouvernement, afin d'amener l'échec de M. le duc de Broglie, promettait un chemin de fer aux électeurs de l'arrondissement des Andelys, qui peuvent l'attendre sous l'orme.

Quelques républicains plus désireux de renverser du pouvoir M. de Freycinet qu'effrayés de l'abîme sans fond que son programme creusait sous nos pas l'ont répudié à l'instar de M. Ferry, en 1881, mais dès qu'ils ont eu repris les rênes du gouvernement, eux qui estiment que le suffrage universel est « *une* « *boutique que l'on achète à l'encan* » ils se sont hâtés de le poursuivre, et de ce chef, le budget est grevé annuellement d'une somme de *sept cents millions*.

M. de Freycinet, à la chute du cabinet Ferry, est redevenu ministre. Il essaiera donc de réaliser pleinement son programme.

A vrai dire, cette somme ne figure point aux chapitres du budget ordinaire ; elle a été transportée dans un autre budget, le *budget extraordinaire*, inventé par les républicains pour mieux tromper le pays et la masse des contribuables.

Nous avons suivi tous les ministres l'un après l'autre : résumons-nous maintenant.

Le budget ordinaire dépasse de *cinq cents millions* le budget ordinaire de 1876 et le budget extraordinaire qui n'existait pas à cette époque, s'élève avec la caisse des écoles à plus de *neuf cents* millions.

La République «*avec les républicains*», qui devait être le gouvernement à bon marché coûte donc annuellement *quatorze cents millions* de plus que la République «*sans les républicains.* »

Et cette somme est gaspillée en pure perte. — Laissons la parole au journal républicain, *le National* :

« Pour nourrir une armée de braves sinécu-
« ristes dont on paie les services électoraux avec
« l'argent de l'Etat » et, d'après Rochefort « pour
« enrichir à gogo les neveux et petits neveux des
« Ferry, Raynal et Cie. »

Les budgets départementaux et communaux se trouvent dans la même situation. Pour s'en convaincre, il suffit d'opposer les centimes additionnels de 1886 à ceux de 1876.

Il y a plus et les contribuables ne sont pas encore au bout de leurs tribulations. En effet, M. Jules Ferry a déclaré à la Commission du budget que *pour 1886, nous n'échapperions pas à de nouveaux impôts.* »

Ce cynique personnage qui se croyait toujours sûr de l'impunité a eu l'audace d'ajouter :

« **Si nous n'en proposons pas pour cette année, c'est que nous allons rentrer dans une période d'élections.** » (1)

Les électeurs sont désormais éclairés sur notre situation financière présente et sur notre situation financière **future,** qui ne peut qu'empirer si les mêmes hommes sont chargés de la régler.

Aujourd'hui il n'en est pas de plus mauvaise dans aucun Etat de l'Europe ; nous en sommes à envier presque celle de la Turquie.

Demain ce serait la banqueroute.

Nous laissons à leur patriotisme le soin de trouver et d'apporter à cette situation un remède prompt, énergique, efficace.

---

(1) Ses successeurs n'ont point répudié cette parole.

V

LA REPUBLIQUE ET L'INSTRUCTION PRIMAIRE

Les petits contribuables dont la note à payer chez le percepteur augmente d'année en année commencent à trouver que la République n'est pas le plus économique des gouvernements et, de toutes parts, ils font entendre des plaintes et des récriminations.

Pour les calmer, la majorité républicaine, qui sait parfaitement que les ouvriers des villes et les paysans des campagnes n'ont pas, comme nous, la facilité de disséquer les budgets de chaque ministère et de se rendre un compte exact de la progression toujours croissante des dépenses publiques, la majorité républicaine répond : « Certainement, paysans et ouvriers, nous aggravons vos charges dans des proportions considérables, mais cessez de protester, puisque l'argent que nous prenons dans vos poches sert à répandre l'instruction sur vos enfants comme sur ceux du riche. »

C'est-là un odieux mensonge de plus à l'actif

de ceux qui semblent avoir accepté pour devise :
« Tromper et tromper encore et tromper tou-
» jours le peuple. »

En effet, quoi qu'ils prétendent, les républicains n'ont rien fait pour développer l'instruction
en France. Nous nous portons garants de le
prouver en quelques lignes.

Puisque cette brochure s'adresse principalement
aux classes laborieuses, qui n'ont ni les éléments
ni le temps nécessaires pour apprécier l'ensemble
de toutes les lois fabriquées depuis quatre ans,
dans le but d'abaisser le niveau de l'enseignement
supérieur et de l'enseignement secondaire, nous ne
nous occuperons ici que de la loi qui les intéresse
spécialement, de celle qui a rendu l'instruction *primaire*, « **gratuite, obligatoire et laïque.** »

Analysons-la donc pour en bien démontrer
toutes les conséquences fâcheuses, au point de
vue matériel comme au point de vue moral.

Qu'est-ce d'abord que l'instruction gratuite ?

Quand ce mot a été prononcé pour la première
fois, à coup sûr il a dû sonner agréablement aux
oreilles des pères de famille, qui se sont imagi-
nés que désormais leurs enfants allaient fréquenter les écoles communales, sans qu'il leur en
coûtât un centime.

Mais bientôt la réalité a fait place à l'illusion et tous ont compris que la gratuité de l'instruction primaire, telle que l'avaient votée les Chambres, n'était qu'un leurre, une mauvaise plaisanterie. Il n'en était pas ainsi sous l'empire de la loi de 1850.

Celle-ci, œuvre des monarchistes, qui ont toujours été, sans jamais en faire parade, les sincères amis du peuple, avait établi la **vraie** gratuité de l'enseignement primaire, en distinguant deux catégories d'élèves : à la première appartenaient ceux qui payaient une rétribution scolaire, parce que leurs parents étaient à même de la fournir ; à la seconde ceux qui en étaient totalement dispensés à la suite d'un certificat d'indigence délivré par le maire de la commune.

Aujourd'hui personne ne paie plus de rétribution scolaire ; les enfants du riche comme ceux du pauvre, les enfants du propriétaire comme ceux de son fermier ou de son métayer fréquentent gratuitement l'école, si l'on prend à la lettre les termes de la nouvelle loi scolaire.

C'est là la **fausse** gratuité.

En effet si personne ne paie plus de rétribution scolaire, tous, aussi bien le père de famille aisé qui payait autrefois que le père de famille, dénué de ressources, qui ne payait absolument rien, tous doivent contribuer par la voie des centimes additionnels aux dépenses occasionnées par l'enseignement primaire dans la commune : appointements fixes de l'instituteur et de l'institutrice, construction ou réparation des maisons d'école, achat ou entretien du mobilier scolaire, etc., etc.

C'est donc le paysan, l'ouvrier qui pâtissent de cette « **fausse** » gratuité, tandis qu'elle profite au riche qui payait naguère une rétribution en rapport avec sa situation pécuniaire et qui maintenant en paie une beaucoup moindre, grâce à la part contributive supportée par le pauvre.

Mais, chose plus inique encore, le pauvre ne paie pas seulement pour ses enfants, — ce qui déjà constitue une aggravation énorme pour lui ; il paie et paiera, pendant toute sa vie, pour ceux des autres puisque, jusqu'à sa mort, il restera contribuable, que les enfants se succèderont à l'école, et qu'il y aura toujours des instituteurs à appointer et une école à entretenir aux frais des habitants de la commune.

La même remarque s'applique aux célibataires et aux pères de famille sans progéniture. C'est l'égalité républicaine.

En vérité n'est-ce pas le cas de répéter après M. Beaussire, ex-député républicain : « Votre gratuité ne sera pas seulement l'impôt des pauvres, elle sera encore celui des vieillards, des infirmes et des veuves. »

En vérité, n'est-ce pas le cas de constater avec

un homme d'esprit que cette gratuité « ressemble à
« une succession que le peuple a recueillie sans
« bénéfice d'inventaire et où le passif dépasse
« l'actif de plusieurs centaines de millions » ?

Qu'est-ce que l'obligation ?

Aux termes de la nouvelle loi, tous les enfants
de six à treize ans sont tenus de fréquenter régu-
lièrement l'école primaire.

La loi ne comporte aucune exception et, pour
contraindre le père de famille qui ne voudrait pas
se soumettre à ses rigueurs, elle édicte des pénalités
sévères qui varient depuis l'amende jusqu'à la
prison.

L'amende et la prison ! pour le père de famille
catholique qui refuse d'envoyer son enfant dans
une école ou l'enseignement donné par l'instituteur
est la négation de toute croyance religieuse. C'est
la liberté républicaine !

La prison et l'amende ! pour le père de famille,
qui habite un hameau éloigné de l'école et qui se refuse à laisser son enfant exposé deux fois le jour,
aux froids, aux pluies, aux neiges, aux orages.
C'est la fraternité républicaine !

Voilà quelques-uns des effets moraux de l'obligation ; elle s'attaque bien davantage aux intérêts
matériels du pauvre.

L'amende et la prison ! pour le père de famille qui, à l'époque ses grands travaux de l'année, garde à la maison des enfants, à même de lui rendre quelques services, soit en gardant les troupeaux, soit en se tenant au-devant de la charrue.

Mais ce n'est encore rien.

Nous disions tout à l'heure, à propos de la fausse gratuité, que le pauvre contribuait désormais aux dépenses qu'occasionnait l'enseignement primaire.

L'obligation rend cette part contributive supportée par le pauvre très considérable ; en effet, avec le nombre beaucoup plus grand d'élèves qui sont *inscrits* aujourd'hui sur les registres scolaires dans la plupart des communes, un seul instituteur et une seule institutrice ne suffisent plus ; il en faut donc payer presque partout deux, quelquefois trois et quatre. De même il a fallu construire et aménager dans les quatre cinquièmes des communes de nouveaux locaux, les anciens *semblant* trop étroits pour contenir la masse des enfants de six à treize ans qui doivent les habiter quotidiennement, ainsi voyons-nous s'élever dans des communes dénuées de toutes ressources ou obérées de dettes de magnifiques palais scolaires.

Pour faire face à ces dépenses excessives, sans trop effrayer les contribuables, le gouvernement a eu recours à un expédient habile. Il a demandé aux chambres l'autorisation de prélever un milliard sur les ressources extraordinaires, afin de cr éer la caisse des écoles « destinée à fournir des subventions importantes aux municipalités qui voteraient la construction de nouvelles écoles. »

Le milliard est épuisé à l'heure qu'il est et deux autres encore ne suffiraient pas pour solder la note des travaux scolaires si imprudemment commencés par toute la France.

Et puis, du reste, les milliards avec lesquels le gouvernement a doté et les milliards futurs avec lesquels il pourrait doter de nouveau la caisse des écoles ne sortent point et ne sortiront point de la poche de nos ministres et nos députés républicains ; ils ont été pris et seront toujours pris dans la poche des contribuables, qui alimentent le budget extraordinaire aussi bien que le budget ordinaire.

Si encore cette contrainte morale imposée au père de famille, en violation du plus sacré de ses droits, celui d'élever ses enfants comme il l'entend, si encore ces charges matérielles qui accablent le peuple, telles qu'aucune nation n'en a jamais supportées à aucune époque de l'histoire, étaient en raison directe des résultats obtenus !

Mais non ! D'après les statistiques publiées par les soins du ministère de l'instruction publique, il est établi que les écoles communales recrutent, depuis la période des grandes dépenses, beaucoup moins d'élèves qu'auparavant et que le niveau de

la force moyenne de chaque élève, à sa sortie de
de l'école, a sensiblement baissé.

Au fait, cela importe bien peu au gouvernement
républicain. N'avons-nous pas déjà dit que le déve-
loppement de l'instruction primaire avait été le
moindre souci de ceux qui avaient proposé et voté
la loi scolaire?

En décrétant la gratuité et l'obligation les républicains ont obéi à de toutes autres préoccupations
que l'examen de la laïcité va immédiatement nous
faire connaître.

Celle-ci est, en effet, la cheville ouvrière de la
nouvelle loi scolaire. Ecoutez plutôt la déclaration
faite à la tribune par M. Paul Bert au nom de la
majorité de la commission : « sans la laïcité l'obligation de l'enseignement nous apparaîtrait comme
un véritable danger. »

Entendez encore ces paroles d'un député de la
gauche : « mes amis et moi avons voté hier la gratuité, nous votons aujourd'hui l'obligation de l'enseignement, mais à cette seule condition que l'enseignement sera laïque. »

Ainsi tous les républicains eussent voté avec le
même empressement la **fermeture** de toutes les
écoles de France, si le ministre n'avait pas pris
l'engagement formel qu'il y serait donné aux enfants
un enseignement laïque.

En quoi consiste donc, cette laïcité de l'enseignement primaire, jugée si importante par la majorité
républicaine qu'elle a vidé pour l'obtenir la bourse
et le bas de laine du pauvre?

D'un mot nous pouvons la définir : « la laïcité de l'enseignement c'est l'école contre Dieu,
l'école contre la société, l'école contre la famille,
l'école contre l'individu. » D'un mot nous pouvons
résumer son programme : « guerre à Dieu,
guerre à la société, guerre à la famille, guerre à
l'enfant. »

Guerre à Dieu! N'a-t-on pas, au nom de la
laïcité, enlevé de l'école pour les enfouir dans des
tomberaux, au milieu d'immondices, l'image du
Christ et de la Vierge? N'est-il pas interdit maintenant à l'instituteur, sous peine de destitution, de
faire réciter à ses élèves le catéchisme et l'histoire
sainte?

Guerre à la société! Celui qui, dans son enfance,
aura appris, à l'école laïque, que le monde est le
résultat d'un choc violent de la matière, qu'à la
mort tout est bien fini qu'il n'y a pas plus de ré-
compense pour le bon, plus de punition pour le
méchant, que la propriété c'est le vol, pourra-t-il
constater, devenu homme, l'infériorité de sa condition, sans entrer en révolte contre ceux qui se
trouveront au dessus de lui? Les anarchistes dont
les criminels attentats terrorisent en ce moment

l'Europe sont les produits les plus immédiats de la laïcité, qui, après l'école, a nécessairement envahi l'atelier, l'usine et le chantier.

Guerre à la famille! où l'enfant en dehors des commandements de Dieu et de l'Eglise, des préceptes et des pratiques de la religion, apprendra-t-il à honorer son père et sa mère?

Sans doute pas dans les Manuels des Paul Bert et autres libres-penseurs et francs-maçons, qui lui enseignent que ses parents, de fervents catholiques, par exemple, sont « de grossiers *esprits imbus d'erreurs et de superstitions*, que ses parents, quand ils s'agenouillent devant la sainte table « *font un tour d'acrobatie.* »

Guerre à l'individu! Comment celui qui ne respectera rien pourra-t-il se respecter lui-même? Pour se procurer des jouissances matérielles hésitera-t-il à se rouler dans la boue et le sang? Pour satisfaire ses goûts dépravés, ses appétits immodérés, reculera-t-il devant le crime même, du moment où il ne craindra plus que la justice des hommes si facile à égarer?

Barré, Lebiez, Gille, Abadie, et pour parler de plus récents Rozier, Baillon, Gamahut, etc…, toute cette tourbe d'assassins de seize à vingt ans qui, depuis quelques années, encombrent les prisons, les bagnes et l'échafaud, voilà les fruits précoces produits par l'arbre laïque. On juge dans quelles proportions ces fruits se multiplieraient si l'arbre n'était pas déraciné promptement.

Telles sont les conséquences de la laïcité de l'enseignement ; elles justifient amplement les épithètes de « loi infâme, » de « loi de malheur, » qui ont accueilli, sur presque tous les points du territoire français, la loi du 28 mars 1882.

Pour inculquer dans l'âme des jeunes générations le programme laïque, il fallait nécessairement des maîtres *ah hoc;* aussi, au mépris des traités et des conventions passées, des services rendus, des vœux clairement manifestés des populations, les instituteurs et les institutrices congréganistes ont été brutalement chassés de vingt mille écoles communales, où ils enseignaient, par la parole comme par l'exemple, à l'enfant ses devoirs envers Dieu, sa patrie, sa famille et lui-même où, ils le formaient en vue des pénibles labeurs et des rudes luttes de la vie, et, à leur place, le gouvernement a installé des instituteurs laïques, qui ont remplacé les emblêmes religieux par les bustes de Gambetta et de Grévy ; la prière par le chant de la *Marseillaise,* le catéchisme par des lectures obscènes, l'histoire de France par une histoire faussée et tronquée en faveur des gredins de la première et de la troisième République.

Et encore, pour faire cette jolie besogne, pour pervertir l'âme et abrutir l'intelligence de ses enfants, l'instituteur laïque touche annuellement 300 francs de plus qu'un instituteur congréganiste.

Ce qui prouve que les « bienfaits » de la laïcité, si haut vantés par le clan opportuniste dans la presse, dans les réunions, dans les banquets, sont aussi négatifs au point de vue matériel qu'au point de vue moral.

Nous avons brièvement examiné chacune des parties de la loi scolaire. Il nous est facile maintenant de porter sur elle un jugement d'ensemble.

Nous le formulerons ainsi : la loi du 28 mars ruine le pauvre par la gratuité, elle le déshonore par l'obligation elle le dégrade par la laïcité dans la personne de ses enfants.

VI

LA RÉPUBLIQUE ET LA RELIGION

La preuve que nous avons évidemment faite que la loi du 28 mars 1882 n'avait rendu et ne pouvait rendre aucun service à la cause de l'instruction primaire, et la définition si exacte que nous avons donnée de l'enseignement laïque, nous révèlent le véritable mobile auquel ont obéi, le Gouvernement en proposant, les Chambres en votant la nouvelle loi scolaire.

Réunis, du reste, en petit comité, dans leurs Loges maçonniques, entre frères et amis, les républicains se laissent assez facilement tirer les bouts de l'oreille, et alors le voile tombe et la vérité coule de leurs lèvres comme de source.

Là, à Grenoble, c'est celui-ci, vénérable de l'ordre, qui s'écriera en toute sincérité : « **Si nous « voulons être les maîtres absolus de la France, « il faut qu'on nous livre la jeunesse pour que « nous la coulions dans le moule révolution- « naire.** »

Ailleurs c'est celui-là, bien connu par la situation qu'il occupe aujourd'hui dans le monde officiel, qui

avouera cyniquement que « la nouvelle loi doit
« seulement enseigner aux enfants le culte de la
« raison et de la nature, l'existence d'un Dieu
« étant un problème chimérique, éternelle que-
« relle des métaphysiciens. »

Enfin, pour terminer ces citations que nous pourrions multiplier à l'infini, rappelons l'adresse signi-
ficative envoyée à M. Jules Ferry par une Loge de
province (Lyon) :

« *Hâtez-vous d'obtenir le vote de la loi scolaire,*
« *afin que nous arrivions vite au but vers lequel*
« *tendent nos efforts communs :* L'EXTIRPA-
« TION DE LA LÈPRE CATHOLIQUE QUI
« DÉVORE LA FRANCE. »

Donc plaisanteries et mensonges que toutes ces
phrases déclamatoires dans lesquelles des orateurs
sans vergogne vantent sans cesse les avantages
« *inappréciables* » dont l'instruction primaire est
redevable à la République !

Donc comédie et hypocrisie que toutes ces tirades
ampoulées où des écrivains à gage représentent le
peuple « naguère croupissant dans les ténèbres de
l'ignorance et aujourd'húi éclairé par les resplen-
dissantes lumières » répandues par Ferry et con-
sorts !

Ainsi la loi du 28 mars 1882 n'a pas été faite
dans l'intérêt du peuple, mais elle a été fabriquée
à l'encontre de son intérêt.

Ainsi la loi du 28 mars 1882 n'est pas une loi démocratique, mais tout simplement une loi anti-religieuse qui appartient à ce système d'expédients à l'aide desquels les républicains, depuis qu'ils ont escaladé le pouvoir, s'efforcent de battre en brèche le catholicisme.

Ainsi, en l'édictant, ils n'ont point songé un seul instant à faciliter au fils du pauvre les moyens de s'instruire à l'égal du fils du riche, à lui ouvrir le libre accès des carrières libérales, mais ils ont seulement voulu forger une arme destinée à porter un coup droit à la religion séculaire de la France.

Le mécanisme de la loi saute du reste aux yeux des moins perspicaces ; il a consisté à élaborer un programme d'où l'on a soigneusement écarté toutes les matières religieuses, à confier l'application de ce programme à un instituteur notoirement libre-penseur, puis à forcer par l'obligation toutes les familles à subir ce programme.

Mais, nous objectera-t-on, l'école publique laïque, c'est l'école neutre ; libre aux pères de famille qui ne sont pas satisfaits de l'enseignement qui y est donné, d'envoyer leurs enfants dans les écoles congréganistes que les catholiques, au prix des plus grands sacrifices, ont réinstallées dans la plupart des communes.

Amère dérision et singulière liberté !

Est-ce que la **fausse** gratuité, en forçant le pauvre à subvenir aux charges occasionnées par l'école publique, ne le contraint pas par cela même à en profiter pour ses enfants ?

Lui qui n'a déjà pas les moyens d'entretenir celle-ci, vous voulez qu'il paie encore pour celle-là ?

Républicains, c'est assez d'opprimer le pauvre, c'est assez de lui enlever ses enfants pour les souiller au contact de votre infâme enseignement. N'insultez pas par dessus le marché à sa pauvreté : *Ne insulte miseris !*

La République ne s'est pas seulement attaquée à l'enfance dans la guerre acharnée qu'elle a entreprise contre la religion ; elle n'a pas respecté davantage la vieillesse et la misère.

Elle a expulsé de leurs communautés de paisibles religieux, qui se consacraient tout entiers aux déshérités de la fortune, courant l'hiver, nu-pieds, le corps à peine vêtu, partager leur morceau de pain avec ceux qui avaient faim, porter des remèdes aux malades, des consolations aux affligés, émigrant au fond des pays les plus barbares pour arracher à une mort certaine de pauvres créatures !

Elle a chassé de leurs couvents ces saintes filles qui s'étaient vouées au célibat, abandonnant le monde et ses plaisirs bruyants pour la solitude du cloître, où, par de ferventes prières, elles appelaient chaque jour sur leurs semblables la miséricorde divine.

Elle a chassé des hôpitaux ces admirables sœurs de charité qui se dévouaient au chevet des moribonds avec une sublime abnégation.

A ce propos faisons remarquer que les sœurs out fait place à des infirmières laïques, qui coûtent annuellement quatre cents francs de plus à l'assistance publique et qui, de temps à autre témoignent de leur tendre sollicitude pour les malades, confiés à leur garde, en les chourinant ou en les étranglant.

La République ne s'en est pas tenue là dans son œuvre de « déchristianisation » pour, nous servir d'une expression de M. Jules Ferry, l'inventeur breveté des néologismes.

Elle a encore établi le divorce, c'est-à-dire le droit pour les époux de rompre les liens indissolubles contractés aux pieds des autels et de répudier les enfants issus du mariage.

Elle a encore enlevé aux régiments ces fidèles amis, ces sûrs conseillers du soldat, qui s'appelaient les aumôniers militaires.

Elle a encore abrogé la loi, qui interdisait aux

ouvriers le travail du dimanche dans les ateliers de l'Etat.

Elle a encore, sous le prétexte misérable de ne pas froisser les sentiments d'une douzaine de polissons et d'une centaine d'imbéciles, qui s'intitulent libres penseurs, défendu aux trente-quatre millions de Français qui sont catholiques de sortir en procession de leurs églises, aux jours des grandes fêtes.

Elle a encore rogné le modeste traitement des humbles prêtres de campagne, supprimé intégralement celui des pauvres vicaires.

Elle a encore établi une loi draconnienne aux termes de laquelle le curé, n'étant plus le maître dans son église, est obligé de faire sonner à toutes volées les cloches pour la célébration des enterrements et des mariages purement civils, etc., etc.

Enfin, la République s'apprête à porter un suprême coup au catholicisme en assujettissant les séminaristes au service militaire, c'est-à-dire en rendant le recrutement du clergé impossible.

Avec ce projet qui passerait certainement à l'état de loi, si la nouvelle chambre des députés était républicaine, toutes nos églises demeureraient fermées et nous serions condamnés à naître, à vivre et à mourir comme des bêtes brutes.

Pourquoi cette passion anti-religieuse qui s'est

affirmée jusque dans les moindres lois, les moindres décrets et les moindres actes du gouvernement républicain ?

Nos gouvernants ont sans doute été effrayés par le spectre d'une jeunesse élevée dans de saines croyances, obéissant à de salutaires préceptes, pénétrée du sentiment de ses devoirs, parce que de cette jeunesse sortent des hommes dans le vrai sens du mot. Or ce ne sont pas des hommes qu'il leur faut à eux, mais des individus sans foi, sans patriotisme, sans raison, qui les maintiendront au pouvoir sans se préoccuper des crimes de lèse-patrie qu'ils y perpétreront.

Nos gouvernants ont sans doute doute été effrayés par le spectre d'un peuple auquel la religion apprend à considérer la probité comme la plus grande des richesses, inculque l'amour du travail, enseigne le respect du bien et de la personne d'autrui, parce que ce peuple ne produit pas des déclassés, prêts à devenir des émeutiers et des barricadiers mais d'honnêtes et d'intelligents citoyens, qui sont sans pitié pour les incapables et les indignes.

Nos gouvernants cherchent à étouffer le sentiments religieux en France, parce que, pour poursuivre leur politique honteuse, ils ont besoin d'une génération en tous points semblable à celle de Rome, à l'époque de sa décadence, génération abrutie, qui n'avait même pas conscience de l'affreuse misère où elle croupissait, génération dégradée, composée de mendiants, et d'histrions qui vivaient dans les arènes du cirque et qui, lorsque le bon plaisir de César les livrait aux lions et aux panthères, s'inclinaient humblement : « *Ave* « *Cœsar, morituri te salutant.* » Adieu, César, « ceux qui vont mourir te saluent. »

Mais que M. Ferry et ses complices prennent garde ! Leur rêve pourrait bien ne pas se réaliser et l'irréligion officielle, au lieu d'une nuée d'esclaves, est bien capable de faire surgir une légion de dynamitards, dont le premier soins sera de miner, dans son superbe palais de l'Elysée, l'hôte qui espère s'y installer à brève échéance à la place de l'austère Grévy.

Après la religion, d'autres grandes institutions sociales telles que l'armée, la magistrature, etc., ont été sapées dans leurs fondements par la République.

Nos meilleurs généraux, les d'Aumale, les Ducrot, les Vinoy, les Bourbaki, les Cambriels, etc., ont été brutalement mis à la retraite pour laisser la place à des politiciens en uniforme, les Farré, les Thibaudin, les Millot et autres incapables *ejusdem farinœ*.

Des officiers supérieurs, distingués parmi les

plus distingués, se sont vu enlever — ou mieux *voler* — la propriété de leurs grades, acquis sur plus de vingt champs de batailles, parce qu'ils étaient princes du sang.

A savoir ce que penseraient les républicains qui ont commis ce forfait, si demain la monarchie, culbutant la République, dépouillait le général Paul Grévy de son grade parce qu'il est le frère de M. Jules Grévy.

Enfin, depuis sept ans, l'armée attend vainement la loi qui doit fixer son mode de recrutement.

La justice n'existe plus en France depuis que la magistrature a été réformée — lisez — depuis que six cents magistrats inamovibles, aussi recommandables par leur intégrité, leur indépendance que par leurs connaissances juridiques, ont été remplacés par les protégés de M. Martin-Feuillée dont quelques-uns feraient meilleure mine au banc des accusés que, dans le prétoire, sur le siège du juge.

VII

LA RÉPUBLIQUE, L'AGRICULTURE, L'INDUSTRIE ET LE COMMERCE

En disséquant les finances de la République, nous avons vu plus haut à quel chiffre moyen s'élevait la contribution personnelle que chaque français devait annuellement payer au fisc, sous forme de l'impôt direct et de l'impôt indirect.

Il est de toute évidence n'est-ce pas, que cette contribution frappe surtout l'agriculteur, l'industriel et le commerçant, qui comprennent environ les quatre cinquièmes de la population de la France.

Examinons maintenant ce que la République leur donne en échange de ce qu'elle reçoit d'eux ; recherchons si les bénéfices sont en rapport avec les charges.

D'un côté, la statistique constate qu'il y a environ vingt-six millions de propriétaires ruraux, habitant soit la campagne soit la ville, qui tirent la presque totalité de leurs revenus de la terre.

De l'autre elle établit que ces propriétaires, pour deux milliards deux cent cinquante millions de revenus, doivent verser dans les caisses de l'Etat neuf cent cinquante-six millions, *soit quarante-cinq pour cent* de leurs revenus ; en d'autres termes, la République prête la terre de France aux Français au taux monstrueux de 45 0/0.

L'ancienne dîme contre laquelle les républicains ont lancé de si terribles imprécations coûtait cinq fois moins à l'agriculture.

Dans de telles conditions, l'agriculteur français est littéralement écrasé et il lui devient impossible de lutter avec des pays où la terre est tout aussi fertile que la terre de France et où l'impôt foncier n'existe que dans des proportions normales.

Cependant le petit propriétaire qui fait valoir, le fermier et le métayer, qui doivent chaque année payer une redevance en argent ou en nature à leur maître, sont bien obligés d'écouler les produits de leur terre, le premier sous peine d'immobiliser ou d'entamer son capital, les autres afin de satisfaire à leurs engagements.

Et alors ces produits sont le plus souvent vendus au-dessous du prix de revient.

Prenons comme exemple le blé.

Les spécialistes les plus autorisés estiment que le prix de l'hectolitre revient au producteur à 21 fr.— En 1884 il n'a pu le vendre sur les marchés français, inondés de blés américains qu'au prix de 16 francs. La perte a donc été pour lui de 5 francs par hectolitre.

En 1873, sous la république « sans les républicains » le cours moyen du blé a dépassé 31 francs.

Les mêmes remarques s'appliquent à peu près à tous les autres produits agricoles.

D'où la conséquence que l'agriculture se débat aujourd'hui dans une crise effroyable ; d'où la conséquence que la plus épouvantable misère règne actuellement dans toutes les campagnes.

Le petit propriétaire, qui, autrefois vivait heureux et indépendant dans son coin de terre, le laisse aujourd'hui en friche pour aller gagner son pain chez les autres comme domestique ou bien pour émigrer à l'étranger.

Le fermier qui, autrefois, en quelques années, amassait une modeste aisance, de quoi acheter quelques lopins de terrain, pour y reposer sa vieillesse, ne peut même plus maintenant, en redoublant d'efforts, payer à l'échéance une partie de son terme ; c'est à peine s'il parvient à nourrir sa famille.

Puisque la cause principale du mal réside dans l'énormité de l'impôt foncier, le remède réside évidemment dans l'abaissement de cet impôt.

Cependant, malgré les légitimes doléances de l'agriculture aux abois, malgré les énergiques réclamations des députés et des sénateurs de la droite, le gouvernement se refuse obstinément à accorder le dégrèvement promis, à la veille des élections, par les républicains eux-mêmes et cela sous le prétexte que les caisses du trésor public sont totalement à sec.

Nous le savons, hélas !.

Mais pourquoi le budget est-il à ce point en déficit qu'il soit matériellement impossible d'en distraire trois ou quatre cents millions qui sauveraient l'agriculture d'une ruine imminente et qui rendraient, non pas le bien-être, mais au moins l'existence supportable à la population rurale ?

Parce que le gouvernement a gaspillé près de trois milliards à créer des palais scolaires, à construire des chemins de fer de pure utilité électorale, à entreprendre des expéditions lointaines, à indemniser les scélérats du 2 Décembre, à multiplier sans cesse le nombre des sinécures, etc., etc.

La République est donc seule responsable du mal ; elle l'a engendré et elle le perpétue à dessein.

Aussi sommes-nous certain qu'au jour prochain des élections, les candidats officiels qui viendront, dans nos campagnes, répéter après M. Jules Ferry : « La République est la République des paysans » y seront accueillis avec des pommes cuites, surtout si les électeurs se rappellent qu'en fait de dégrèvements le ministre et ses successeurs ont annoncé l'établissement de nouveaux impôts pour 1886.

De même, toute la responsabilité de la crise industrielle qui sévit partout en ce moment avec la même intensité, incombe à la République.

A la République qui, en excitant les passions ouvrières pour les exploiter, a créé partout l'antagonisme entre le patron et l'ouvrier.

A la République qui, en envoyant dans les grands centres industriels des agents provocateurs, a suscité et entretenu les grèves qui y ont éclaté.

A la République qui, en même temps qu'elle épuisait ou tarissait les sources qui alimentent l'industrie nationale, en semant de tous côtés des germes de discorde, laissait librement entrer en France les produits de l'étranger, fabriqués dans des conditions normales, et par conséquent susceptibles d'être livrés à meilleur compte que les nôtres.

C'est ainsi que le chiffre de nos exportations, qui était de 1872 à 1876 supérieur, est aujourd'hui inférieur au chiffre de nos importations.

La crise commerciale n'est pas moins aiguë que la crise agricole et que la crise industrielle.

Dans les grands centres comme dans les petites villes, ce ne sont que négociants qui déposent leurs bilans ; jamais le nombre de faillites n'avait été aussi considérable qu'en 1885 ; d'importantes maisons jouissant d'une considération méritée, faisant depuis longtemps largement honneur à leurs affaires, n'ont pas été épargnées par la crise.

C'est encore à la République que le commerce doit s'en prendre, s'il souffre si profondément.

A la République qui, par sa politique aventureuse à l'extérieur, désordonnée à l'intérieur, a enlevé toute confiance dans le lendemain, et par suite supprimé tout crédit.

Or, puisque la République s'empare par l'impt de tout l'argent disponible des particuliers, comment ceux-ci pourrrient-ils effectuer des achats et opérer des transactions sans crédit ?

Ainsi, dans l'espace de cinq années, la République a trouvé le moyen, en ruinant l'agriculture, en arrêtant la marche régulière de l'industrie, en paralysant la vie commerciale, de tarir ce que l'on a si justement appelé les *mamelles nourricières* de la France.

Cette dernière ne tarderait pas à succomber d'anémie si les électeurs ne lui administraient au plus vite un remède vivifiant en lui imposant un régime réparateur.

VIII

LA RÉPUBLIQUE ET L'ANARCHIE

Nous venons de dire que la République avait porté une grave atteinte au Crédit national.

Il n'en pouvait être autrement.

En effet, en politique l'ensemble des actes d'un gouvernement comme, en mécanique, la réunion de plusieurs forces, produisent une résultante.

Or la résultante du régime républicain a été pour la France, depuis qu'elle est condamnée à le subir, l'anarchie, c'est-à-dire l'instabilité, le gâchis. le désordre, la décomposition sociale partout, toutes choses qui ne sont pas de nature à entretenir et à développer le crédit d'une nation.

Instabilité ministérielle! Il nous faudrait remplir plusieurs pages de cet opuscule pour dresser la liste complète de tous les ministres qui se sont succédé aux affaires depuis 1876.

A part le ministère Ferry qui s'est cramponné au pouvoir avec une « tenacité vosgienne » et un « entêtement breton » tous ceux qui l'ont précédé ont eu tout juste une durée moyenne de six mois.

Les départements de la guerre et de la marine ont eu depuis sept ans, dix-huit titulaires, aux opinions diamétralement opposées.

Il n'est donc plus étonnant que l'armée attende toujours sous l'orme sa loi de recrutement, et que le projet de création d'une armée coloniale dorme encore d'un profond sommeil dans les cartons d'une commission parlementaire.

Gâchis ministériel ! Un ministre est installé au département de l'agriculture ; à peine a-t-il commencé son apprentissage, à peine est-il capable de distinguer un épi de maïs d'un épi de blé que vite il passe au département des finances (M. Tirard), même remarque pour M. Hérisson qui, des travaux publics où il ne connaissait pas grand chose, est passé au commerce où il ne connaissait rien du tout.

Gâchis ministériel ! Dans le même cabinet une partie des ministres est libre-échangiste et l'autre protectionniste ; ceux-ci, veulent le rétablissement du scrutin de liste et ceux-là sont favorables au maintien du scrutin d'arrondissement.

Désordre parlementaire ! En plein congrès, les républicains échangent entre eux les épithètes *athéniennes* de « **bastringue, maquignons, marchandeurs éhontés, pourceaux, tas de crapules,** tas de voleurs, escrocs, tas de c...., majorité accroupie, majorité immonde, fumier, pestilence, pourriture, tas d'arsouilles, cloaque, boue fétide, caverne de brigands, comédie infâme, tas d'aboyeurs, » sans en compter d'autres qu'il n'est pas possible de reproduire même en ne recourant qu'à des initiales suivies de points et qui nous prouvent que ces gens-là se connaissent et s'estiment à leur juste valeur.

Gâchis parlementaire ! Les Chambres se déjugent le lendemain à propos d'un vote qu'elles ont émis la veille.

Une majorité se prononce aujourd'hui à la Chambre en faveur de l'élection des sénateurs par le suffrage universel ; à une séance ultérieure, cette même majorité vote en faveur du suffrage restreint.

Le Sénat, résiste un jour pour capituler le jour suivant (divorce, budget des cultes).

Gâchis administratif, conséquence inévitable du gâchis ministériel et du gâchis parlementaire ! Les fonctionnaires n'ont pas le temps de rejoindre le poste qui leur a été assigné, qu'ils sont immédiatement renvoyés dans un autre. Tel département a eu, depuis 1876, jusqu'à dix-sept préfets, et tel autre jusqu'à quinze receveurs-généraux.

Désordre administratif ! Ici c'est un préfet qui est accusé par un de ses collègues (affaire Demangeat-Tremontels) d'avoir détourné à son profit des fonds départementaux.

Là, c'est un magistrat (scandale de Mont-de-Marsan) qui abuse de son autorité pour débaucher une jeune fille. Ailleurs, voilà un des plus hauts dignitaires de la République (Cazot) compromis dans des spéculations véreuses, etc., etc.

Décomposition sociale !

Depuis deux ans les cours d'assises de Paris et de la province regorgent d'assassins, de parricides, de fraticides, auxquels d'ailleurs M. Jules Grévy semble porter un intérêt particulier.

De 1881 à 1884, le nombre des criminels a augmenté dans la proportion écœurante de dix-neuf pour cent.

Anarchie ! Dans les grands centres où les ouvriers corrompus par les doctrines dissolvantes du régime républicain, entrent en révolte armée contre leurs patrons (Anzin, Bessèges, Montceau).

Anarchie ! dans la presse où les communards rappelés en même temps que les congrégations religieuses étaient expulsées de France, ont le droit de développer leurs théories subversives et de proférer leurs sanglantes menaces contre la société.

Anarchie! dans les réunions où les révolutionnaires peuvent librement discuter sur les moyens
les plus prompts à employer pour faire sauter l'é-
difice social.

Anarchie! dans la rue où désormais se promène
triomphalement le drapeau rouge, certain avant-
coureur des plus épouvantables cataclysmes so-
ciaux.

Voilà cependant où nous en sommes en l'an de
République 1885.

Si le régime actuel durait qu'arriverait-il en
1886?

???

IX.

LE SALUT. LA MONARCHIE

Nous pourrions poursuivre d'avantage cet examen et démontrer encore, sur beaucoup d'autres
points, l'action malfaisante de la République.

Mais ce que nous avons déjà dit nous semble suf-
fisant au-delà pour en tirer cette conclusion que
la troisième République, digne sœur de ses aînées,
à la place de la paix à l'extérieur, de l'ordre, de
la sécurité et de la prospérité à l'intérieur, qu'elle
avait solennellement promis à la France, ne lui a
procuré que la guerre, le désordre et la ruine.

Et maintenant, adressant un suprême appel au
patriotisme, à la foi, au bon sens, à l'intérêt des
électeurs, qui tiennent entre leurs mains les destinées de la patrie, nous leur dirons :

ÉLECTEURS,

Jusqu'à présent, les républicains en 1876, en
1877, en 1881, vous ont indignement trompés en
faisant miroiter devant vos yeux l'image de pro-
grammes éblouissants qu'ils n'ont jamais tenté de
réaliser.

Français,

Vous ne pouvez plus donner vos suffrages à des hommes qui, après s'être portés garants du maintien de la paix, ont toujours encouragé de leurs votes la politique guerrière de M. Jules Ferry, qui coûte chaque année à la France dix mille de ses enfants et deux cents millions.

Catholiques,

Vous ne pouvez plus donner vos suffrages à des hommes qui ont favorisé tous les attentats commis contre votre religion dix-huit fois séculaire.

Pères de famille,

Vous ne pouvez plus donner vos suffrages à des hommes qui vous ont dépouillés de votre autorité légitime sur vos enfants et l'ont usurpée à leur profit, afin d'empoisonner leur cœur et leur âme.

Justiciables,

Vous ne pouvez plus donner vos suffrages à des hommes qui ont chassé du prétoire le magistrat intègre qui rendait des arrêts pour le remplacer par le plat valet qui ne rend plus que des services.

Contribuables,

Vous ne pouvez plus donner vos suffrages à des

hommes qui, pour satisfaire leur ambition démesurée, vous ont plongés dans la plus noire misère en vous chargeant d'impôts exorbitants.

Patrons et Ouvriers,

Vous ne pouvez plus donner vos suffrages à des hommes qui, en fomentant la division entre vous, ont porté un si grave préjudice à vos intérêts réciproques.

Propriétaires et Paysans,

Vous ne pouvez plus donner vos suffrages à des hommes qui, en accablant l'agriculture de charges, en lui enlevant ses bras et ses revenus, ont rendu votre situation des plus précaires.

Commerçants,

Vous ne pouvez plus donner vos suffrages à des hommes qui, en portant une funeste atteinte au crédit public, ont amené à vos portes la faillite et la hideuse banqueroute.

Bourgeois enfin,

Qui êtes accourus enthousiastes à la République, avec l'espoir de ne pas être troublés dans votre indolente quiétude et dans votre égoïste bien-être, vous ne pouvez plus donner vos suffrages à des hommes qui, en protégeant l'anarchie, ont préparé une terrible révolution, dont vous seriez les premières victimes.

ÉLECTEURS,

A qui donc concéder vos suffrages?

FRANÇAIS,

Le patriotisme vous commande de les apporter à ceux qui, de 1871 à 1876, ont relevé le prestige de la patrie abattue, et qui aujourd'hui, en abandonnant la politique d'aventures suivie par le gouvernement républicain, veulent réserver les forces de la France en vue de luttes honorables et profitables ; vous les apporterez aux monarchistes.

CATHOLIQUES,

La foi vous commande de les apporter à ceux qui mettront trève à la guerre entreprise contre Dieu, qui vous laisseront libres de prier, d'aller à la messe, de remplir vos devoirs religieux, de recevoir, au moment de la mort, les fortifiantes consolations du prêtre ; vous les apporterez aux monarchistes.

PÈRES DE FAMILLE,

Le devoir vous commande de les apporter à

ceux qui, vous rendant la direction de l'éducation de vos enfants, vous permettront de les élever dans de saines croyances et de leur tracer la ligne droite qu'ils doivent suivre pour être comme vous d'honnêtes citoyens; vous les apporterez aux monarchistes.

Contribuables,

L'intérêt vous commande de les apporter à ceux qui, imposant un frein énergique au gaspillage des deniers publics, réduiront le chiffre de l'impôt; vous les apporterez aux monarchistes.

Patrons et Ouvriers,

L'intérêt vous commande de les apporter à ceux qui, en multipliant les associations des uns avec les autres, en élaborant de sages réformes économiques rendront aussi facile que productive l'alliance du capital et du travail; vous les apporterez aux monarchistes.

Propriétaires et Paysans,

L'intérêt vous commande de les apporter à ceux qui, grâce à vos suffrages, formant dans le parlement la majorité, pourront enfin opérer le dégrèvement de l'agriculture, qu'ils réclament vainement depuis plusieurs années; vous les apporterez aux monarchistes.

Bourgeois enfin,

Le souci de votre sécurité et de votre fortune vous commande de les apporter à ceux qui, tout en respectant scrupuleusement les personnes et les propriétés, sauront contenir ces faux socialistes, qui poussent la foule inconsciente à l'émeute, non pour améliorer son sort, non pour l'émanciper, mais pour avoir la possibilité de piller et de voler tout à leur aise ; vous les apporterez aux monarchistes.

Aux monarchistes qui veulent en finir avec l'anarchie républicaine qui, à l'extérieur, est un obstacle invincible à la conclusion d'alliance avec les nations étrangères, et, à l'intérieur semble jeter sur notre pays entier un linceul mortuaire.

Aux monarchistes, qui veulent rendre à la France sa monarchie glorieuse et traditionnelle.

Non pas une monarchie autoritaire et despotique, mais une monarchie libérale et constitutionnelle avec Monseigneur le comte de Paris, héritier de M. le comte de Chambord, avec Monseigneur le comte de Paris, petit-fils de Louis-Philippe, c'est-à-dire lien naturel entre le passé, le présent et l'avenir.

Une monarchie dont le programme se résume ainsi :

Paix à *l'extérieur*, à *l'intérieur* (1), **liberté pour tous sans licence, égalité pour tous sans privilèges, réconciliation sociale.**

(1) *Ordre, économie dans les finances.*

X

L'UNION CONSERVATRICE

Nous l'avons proclamé hautement, nous sommes monarchiste, mais avant d'être monarchiste nous sommes Français, comme tel, nous sommes prêt à toutes les compromissions, résigné à tous les sacrifices dont le but et le résultat seront le renversement de la République.

C'est pourquoi, dans tous les départements où l'union conservatrice a été scellée — nous aimons à le croire qu'elle le sera partout — nous supplions nos amis d'accorder leurs suffrages aux candidats impérialistes qui combattront, sur la même liste, à côté des candidats monarchistes.

Tout excepté la République ! ! !

FIN

— Paris. — Imp. L. GUERIN et Cⁱᵉ, 26, rue des Petits-Carreaux